Impressum
Verlag: BABADADA GmbH, Nedderfeld 112 , 22529 Hamburg
Geschäftsführer / Verlagsleitung: Harald Hof
Druck: Books on Demand GmbH, In de Tarpen 42, 22848 Norderstedt

Imprint
Publisher: BABADADA GmbH, Nedderfeld 112 , 22529 Hamburg, Germany
Managing Director / Publishing direction: Harald Hof
Print: Books on Demand GmbH, In de Tarpen 42, 22848 Norderstedt, Germany

skola
Schule

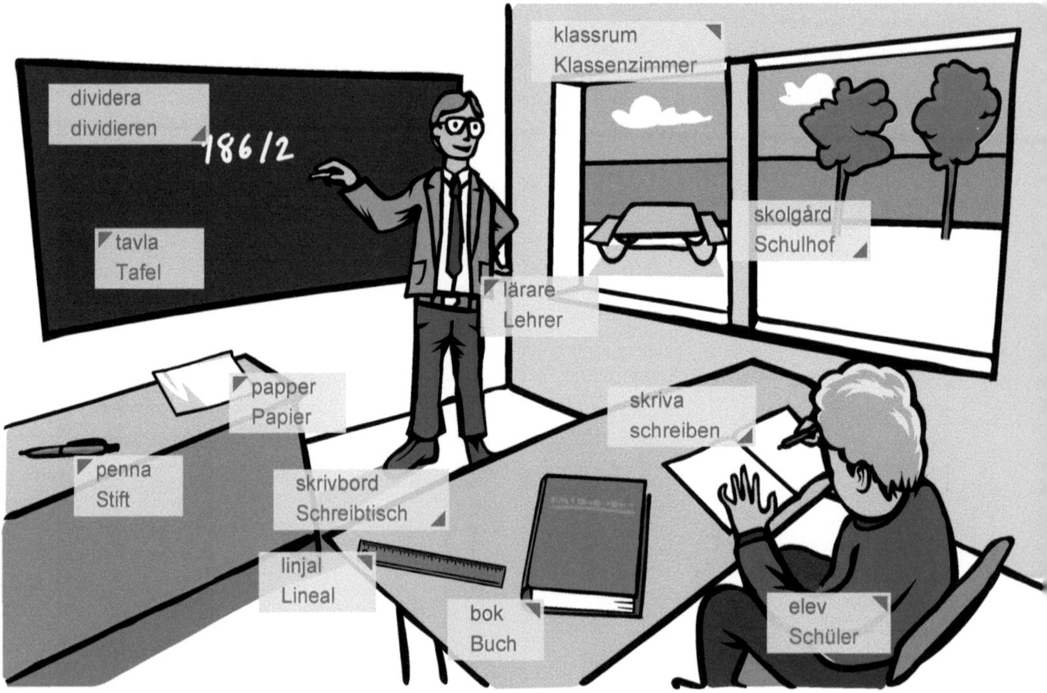
klassrum
Klassenzimmer
dividera
dividieren
186/2
tavla
Tafel
skolgård
Schulhof
lärare
Lehrer
papper
Papier
skriva
schreiben
penna
Stift
skrivbord
Schreibtisch
linjal
Lineal
bok
Buch
elev
Schüler

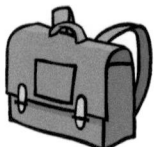

skolväska

Ranzen

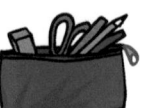

pennfodral

Federmappe

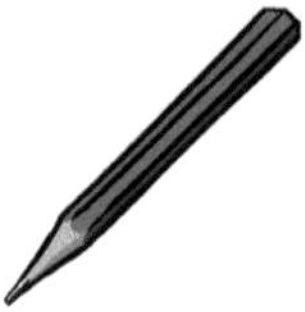

blyertspenna

Bleistift

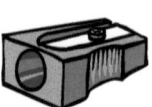

pennvässare

Bleistiftanspitzer

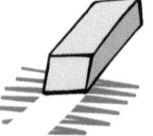

suddgummi

Radiergummi

ritblock

Zeichenblock

teckning

Zeichnung

pensel

Pinsel

målarlåda

Malkasten

sax

Schere

lim

Klebstoff

övningsbok

Übungsheft

hemläxa

Hausaufgabe

tal

Zahl

addera

addieren

subtrahera

subtrahieren

multiplicera

multiplizieren

räkna

rechnen

bokstav

Buchstabe

alfabet

Alphabet

ord

Wort

text
....
Text

läsa
....
lesen

krita
....
Kreide

lektion
....
Stunde

register
....
Klassenbuch

prov
....
Prüfung

intyg
....
Zeugnis

skoluniform
....
Schuluniform

utbildning
....
Ausbildung

uppslagsverk
....
Lexikon

universitet
....
Universität

mikroskop
....
Mikroskop

karta
....
Karte

papperskorg
....
Papierkorb

skola - Schule

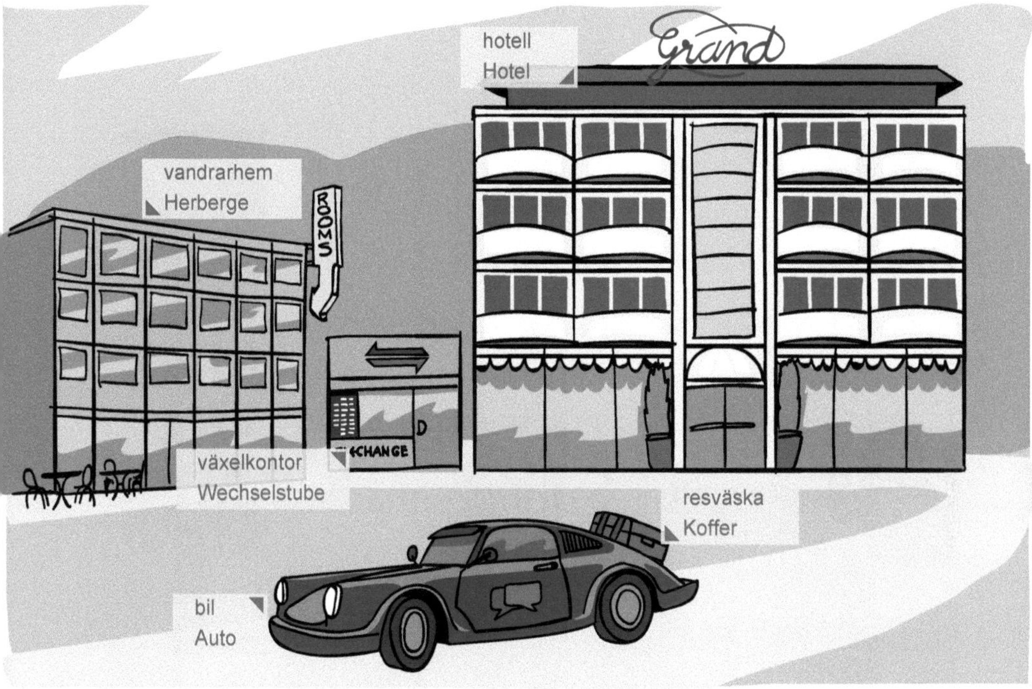

hotell
Hotel
Grand
vandrarhem
Herberge
ROOMS
växelkontor
Wechselstube
resväska
Koffer
bil
Auto

språk
Sprache

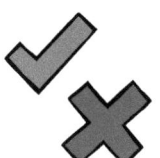

ja / nej
ja / nein

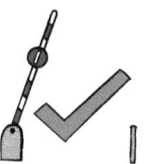

Okay
Okay

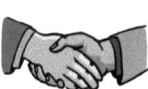

hej
Hallo

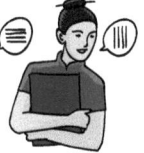

översättare
Übersetzer

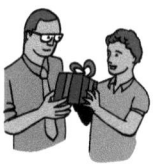

Tack
Danke

hur mycket kostar...?

Was kostet...?

jag förstår inte

Ich verstehe nicht

problem

Problem

God kväll!

Guten Abend!

God morgon!

Guten Morgen!

God natt!

Gute Nacht!

hejdå

Auf Wiedersehen

riktning

Richtung

bagage

Gepäck

väska

Tasche

ryggsäck

Rucksack

gäst

Gast

rum

Zimmer

sovsäck

Schlafsack

tält

Zelt

turistinformation

Touristeninformation

strand

Strand

kreditkort

Kreditkarte

frukost

Frühstück

lunch

Mittagessen

middag

Abendessen

biljett

Fahrkarte

hiss

Fahrstuhl

frimärke

Briefmarke

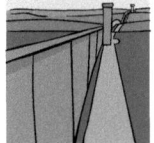

gräns

Grenze

tull

Zoll

ambassad

Botschaft

visum

Visum

pass

Pass

transport
Transport

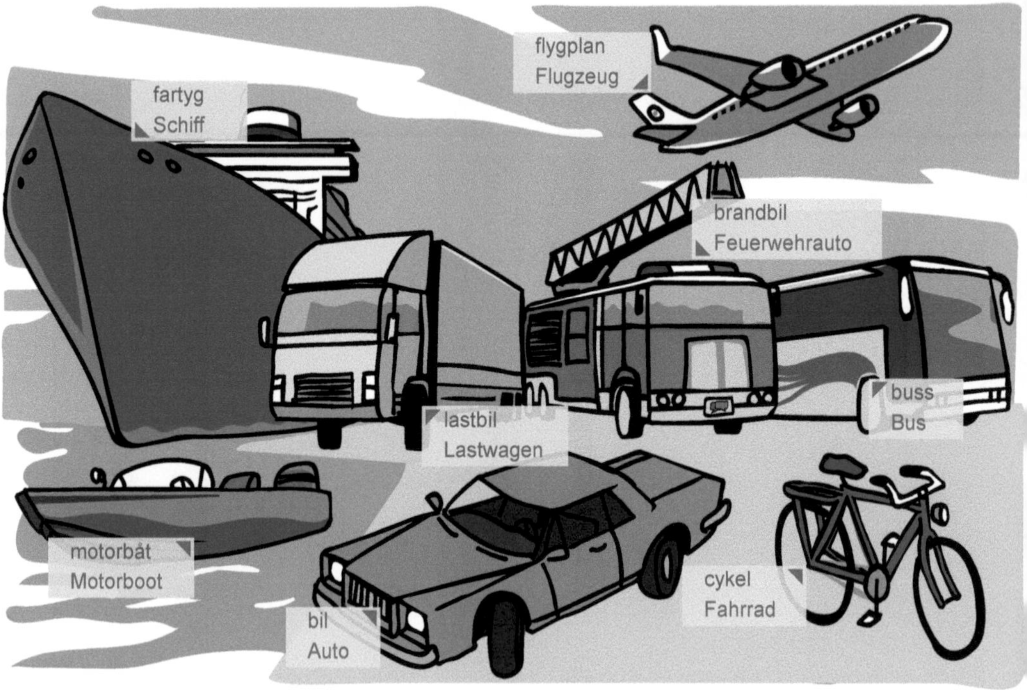

flygplan
Flugzeug
fartyg
Schiff
brandbil
Feuerwehrauto
buss
Bus
lastbil
Lastwagen
motorbåt
Motorboot
cykel
Fahrrad
bil
Auto

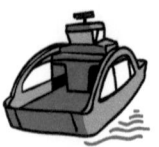

färja
Fähre

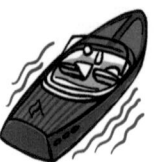

båt
Boot

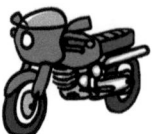

motorcykel
Motorrad

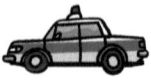

polisbil
Polizeiauto

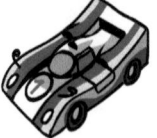

racerbil
Rennauto

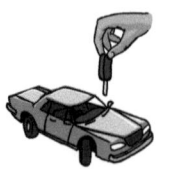

hyrbil
Mietwagen

bilpool
....
Carsharing

bärgningsbil
....
Abschleppwagen

sopbil
....
Müllauto

motor
....
Motor

bränsle
....
Kraftstoff

bensinstation
....
Tankstelle

vägmärke
....
Verkehrsschild

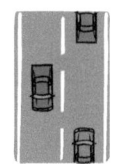

trafik
....
Verkehr

bilkö
....
Stau

parkeringsplats
....
Parkplatz

tågstation
....
Bahnhof

räls
....
Schienen

tåg
....
Zug

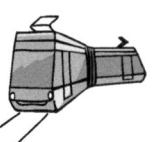

spårvagn
....
Straßenbahn

vagn
....
Wagon

helikopter

Helikopter

flygplats

Flughafen

torn

Tower

passagerare

Passagier

container

Container

kartong

Karton

vagn

Karren

korg

Korb

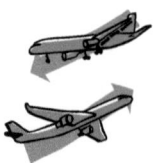

starta / landa

starten / landen

stad

Stadt

by

Dorf

centrum

Stadtzentrum

hus

Haus

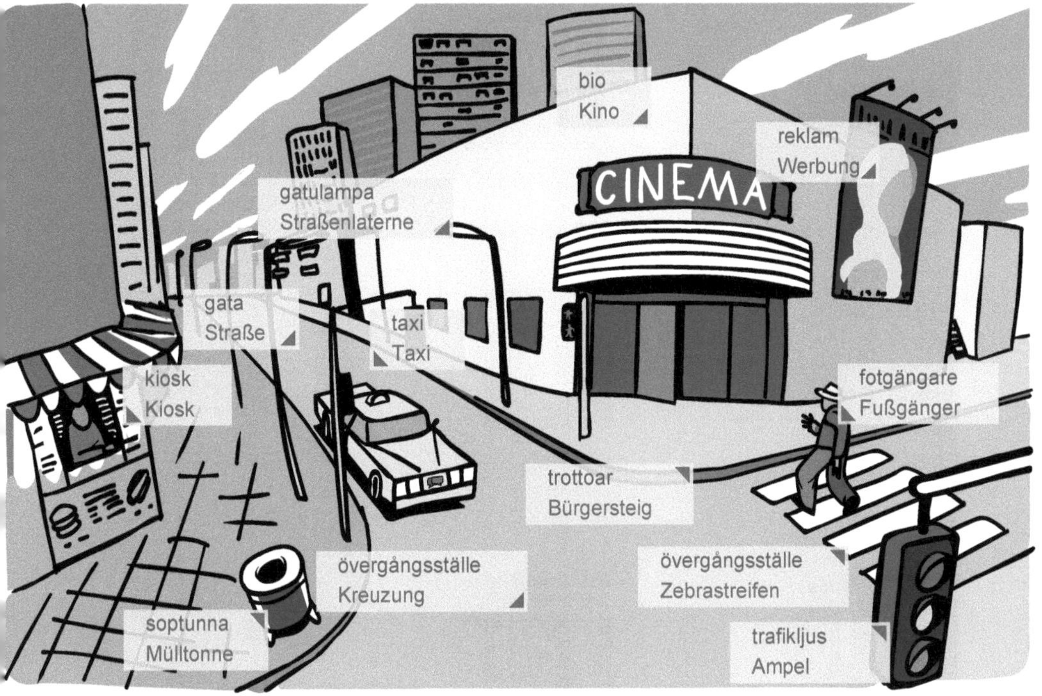
bio
Kino
reklam
Werbung
CINEMA
gatulampa
Straßenlaterne
gata
Straße
taxi
Taxi
kiosk
Kiosk
fotgängare
Fußgänger
trottoar
Bürgersteig
övergångsställe
Kreuzung
övergångsställe
Zebrastreifen
soptunna
Mülltonne
trafikljus
Ampel

stuga

Hütte

lägenhet

Wohnung

tågstation

Bahnhof

stadshus

Rathaus

MUSEUM

museum

Museum

skola

Schule

universitet

Universität

bank

Bank

sjukhus

Krankenhaus

hotell

Hotel

apotek

Apotheke

kontor

Büro

bokhandel

Buchhandlung

affär

Geschäft

blomsterbutik

Blumenladen

stormarknad

Supermarkt

marknad

Markt

varuhus

Kaufhaus

fiskhandlare

Fischhändler

köpcentrum

Einkaufszentrum

hamn

Hafen

park

Park

bänk

Bank

brygga

Brücke

trappa

Treppe

tunnelbana

U-Bahn

tunnel

Tunnel

busshållplats

Bushaltestelle

bar

Bar

restaurang

Restaurant

brevlåda

Briefkasten

gatuskylt

Straßenschild

parkeringsautomat

Parkuhr

zoo

Zoo

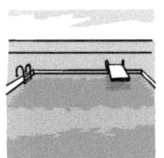

simbassäng

Badeanstalt

moské

Moschee

bondgård

Bauernhof

förorening

Umweltverschmutzung

kyrkogård

Friedhof

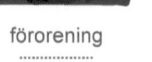

kyrka

Kirche

lekplats

Spielplatz

tempel

Tempel

landskap
Landschaft

löv
Blatt

vägskylt
Wegweiser

väg
Weg

äng
Wiese

liftare
Wanderer

sten
Stein

träd
Baum

flod
Fluss

gräs
Gras

blomma
Blume

dal

Tal

kulle

Berg

sjö

See

skog

Wald

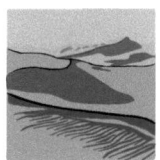

öken

Wüste

vulkan

Vulkan

slott

Schloss

regnbåge

Regenbogen

svamp

Pilz

palm

Palme

mygga

Moskito

fluga

Fliege

myra

Ameise

bi

Biene

spindel

Spinne

skalbagge

Käfer

groda

Frosch

ekorre

Eichhörnchen

igelkott

Igel

hare

Hase

uggla

Eule

fågel

Vogel

svan

Schwan

vildsvin

Wildschwein

rådjur

Hirsch

älg

Elch

damm

Staudamm

vindkraftverk

Windrad

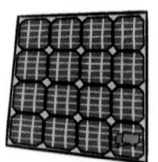

solcellspanel

Solarmodul

klimat

Klima

landskap - Landschaft

servitör
Kellner

meny
Speisekarte

stol
Stuhl

soppa
Suppe

pizza
Pizza

bestick
Besteck

bordsduk
Tischdecke

förrätt
....
Vorspeise

huvudrätt
....
Hauptgericht

dessert
....
Nachspeise

drycker
....
Getränke

mat
....
Essen

flaska
....
Flasche

snabbmat

Fastfood

street food

Streetfood

tekanna

Teekanne

sockerskål

Zuckerdose

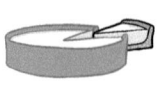

portion

Portion

espressomaskin

Espressomaschine

barnstol

Hochstuhl

räkning

Rechnung

bricka

Tablett

kniv

Messer

gaffel

Gabel

sked

Löffel

tesked

Teelöffel

servett

Serviette

glas

Glas

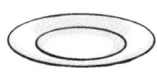

tallrik

Teller

sopptallrik

Suppenteller

tefat

Untertasse

sås

Sauce

saltkar

Salzstreuer

pepparkvarn

Pfeffermühle

vinäger

Essig

olja

Öl

kryddor

Gewürze

ketchup

Ketchup

senap

Senf

majonnäs

Mayonnaise

stormarknad

Supermarkt

specialerbjudande
Angebot
FOR
kund
Kunde
mejeriprodukter
Milchprodukte
frukt
Obst
varukorg
Einkaufswagen

BUTCHERS

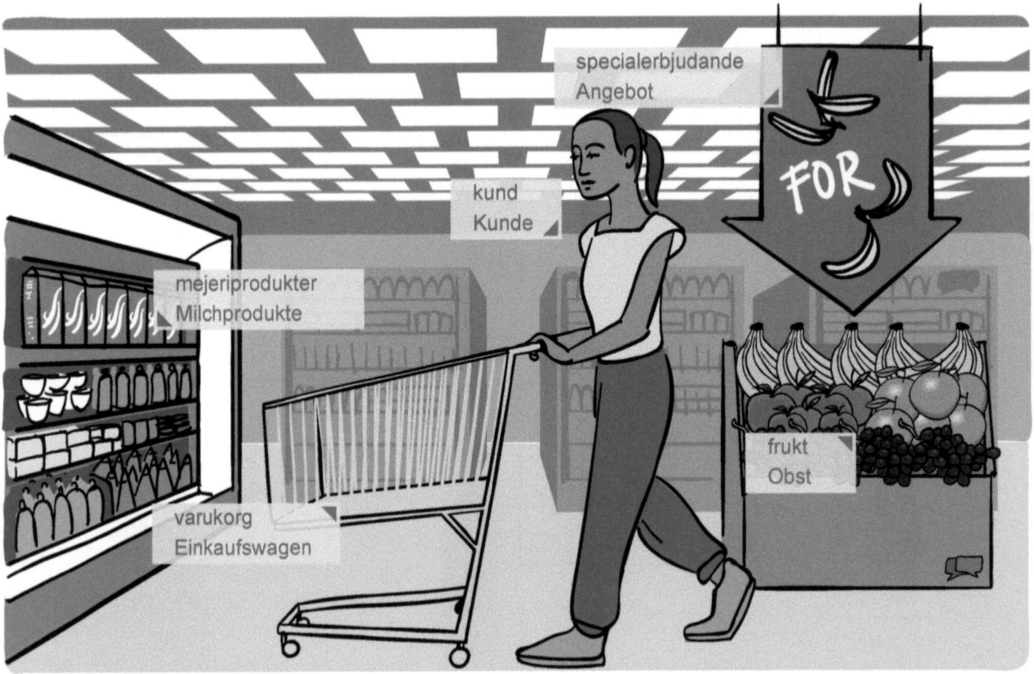

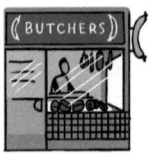

charkuteri

Schlachterei

BAKERY

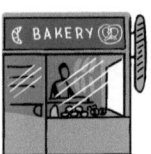

bageri

Bäckerei

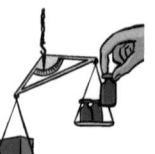

väga

wiegen

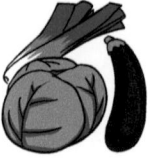

grönsaker

Gemüse

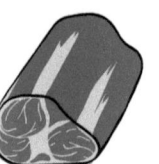

kött

Fleisch

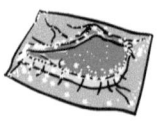

frysta livsmedel

Tiefkühlkost

pålägg

Aufschnitt

konserver

Konserven

tvättmedel

Waschmittel

godis

Süßigkeiten

hushållsprodukter

Haushaltsartikel

rengöringsmedel

Reinigungsmittel

försäljare

Verkäuferin

kassa

Kasse

kassör

Kassierer

inköpslista

Einkaufsliste

öppettider

Öffnungszeiten

plånbok

Brieftasche

kreditkort

Kreditkarte

väska

Tasche

plastpåse

Plastiktüte

Getränke

vatten
....
Wasser

juice
....
Saft

mjölk
....
Milch

cola
....
Cola

vin
....
Wein

öl
....
Bier

alkohol
....
Alkohol

kakao
....
Kakao

te
....
Tee

kaffe
....
Kaffee

espresso
....
Espresso

cappuccino
....
Cappuccino

banan

Banane

äpple

Apfel

apelsin

Orange

melon

Melone

citron

Zitrone

morot

Karotte

vitlök

Knoblauch

bambu

Bambus

lök

Zwiebel

svamp

Pilz

nötter

Nüsse

nudlar

Nudeln

spaghetti

Spaghetti

ris

Reis

sallad

Salat

pommes frites

Pommes frites

stekt potatis

Bratkartoffeln

pizza

Pizza

hamburgare

Hamburger

smörgås

Sandwich

schnitzel

Schnitzel

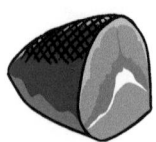

skinka

Schinken

salami

Salami

korv

Wurst

kyckling

Huhn

stek

Braten

fisk

Fisch

havregryn

Haferflocken

müsli

Müsli

cornflakes

Cornflakes

mjöl

Mehl

croissant

Croissant

fralla

Brötchen

bröd

Brot

rostat bröd

Toast

kex

Kekse

smör

Butter

kvarg

Quark

kaka

Kuchen

ägg

Ei

stekt ägg

Spiegelei

ost

Käse

glass

Eiscreme

socker

Zucker

honung

Honig

sylt

Marmelade

nougatkräm

Nougat-Creme

curry

Curry

bondgård
Bauernhof

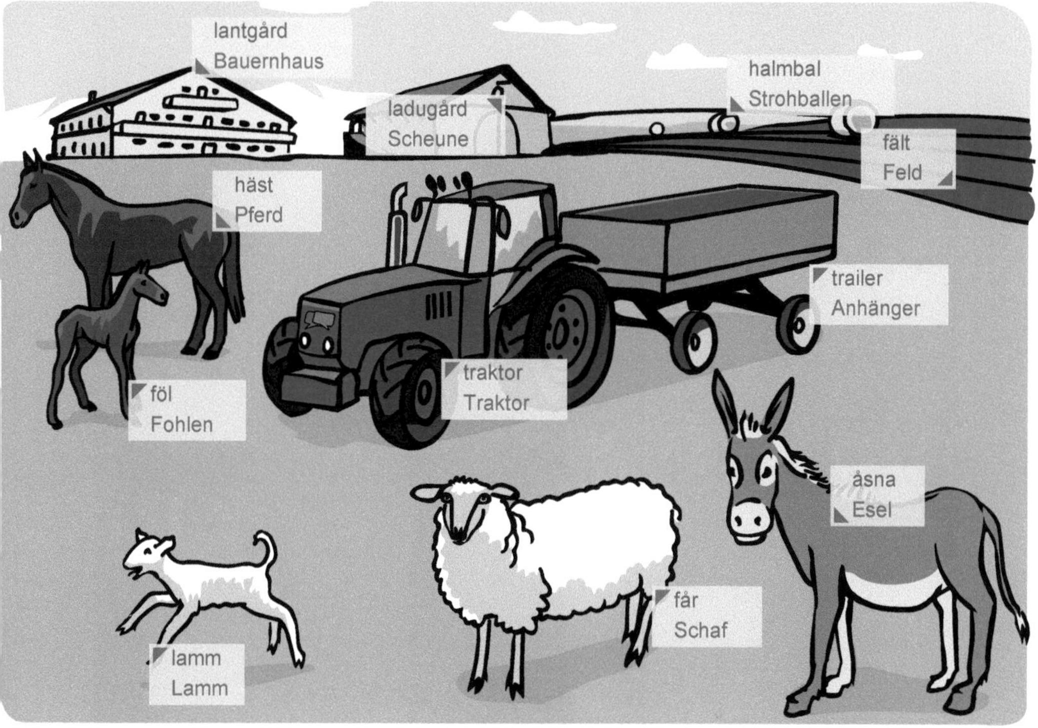

lantgård
Bauernhaus
ladugård
Scheune
halmbal
Strohballen
fält
Feld
häst
Pferd
trailer
Anhänger
traktor
Traktor
föl
Fohlen
åsna
Esel
får
Schaf
lamm
Lamm

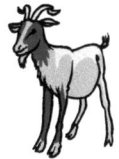

get
Ziege

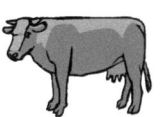

ko
Kuh

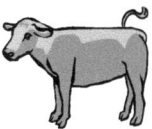

kalv
Kalb

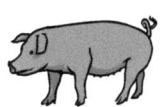

gris
Schwein

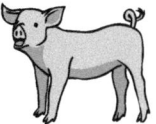

griskulting
Ferkel

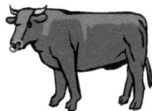

tjur
Bulle

gås

Gans

anka

Ente

kyckling

Küken

höna

Huhn

tupp

Hahn

råtta

Ratte

katt

Katze

mus

Maus

oxe

Ochse

hund

Hund

hundkoja

Hundehütte

trädgårdsslang

Gartenschlauch

vattenkanna

Gießkanne

lie

Sense

plog

Pflug

bondgård - Bauernhof

skära

Sichel

hacka

Hacke

högaffel

Mistgabel

yxa

Axt

skottkärra

Schubkarre

tråg

Trog

mjölkflaska

Milchkanne

säck

Sack

staket

Zaun

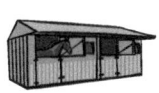

stall

Stall

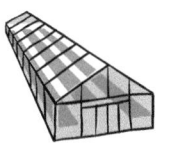

växthus

Treibhaus

jord

Boden

säd

Saat

gödsel

Dünger

skördetröska

Mähdrescher

skörda
ernten

skörd
Ernte

jams
Yamswurzel

vete
Weizen

soja
Soja

potatis
Kartoffel

majs
Mais

raps
Raps

fruktträd
Obstbaum

maniok
Maniok

spannmål
Getreide

hus
Haus

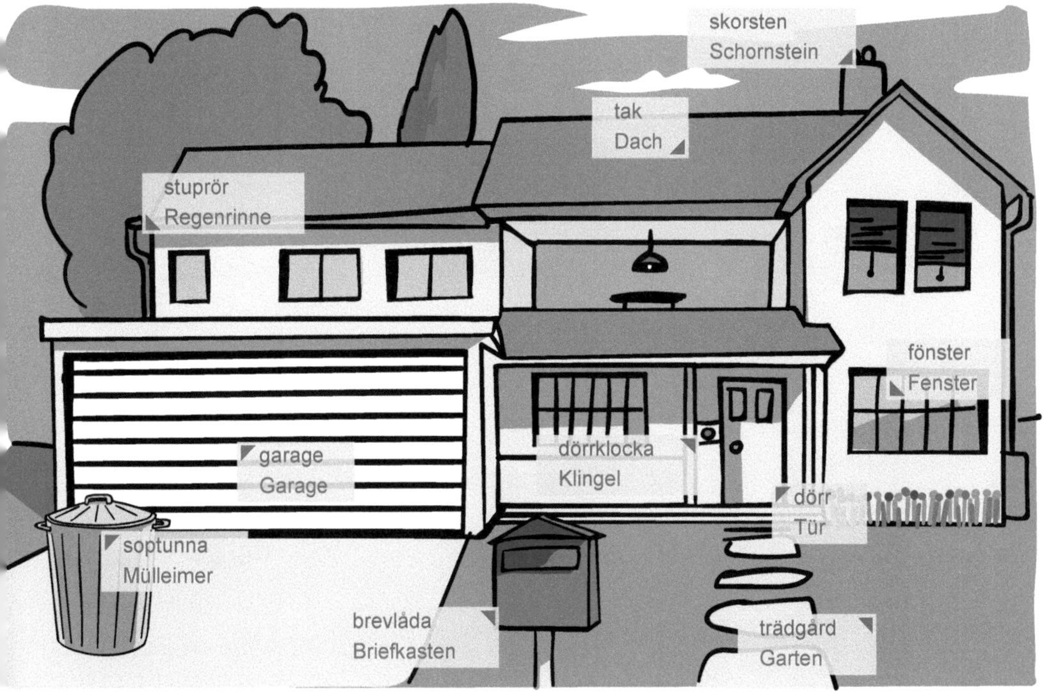
skorsten
Schornstein
tak
Dach
stuprör
Regenrinne
fönster
Fenster
garage
Garage
dörrklocka
Klingel
dörr
Tür
soptunna
Mülleimer
brevlåda
Briefkasten
trädgård
Garten

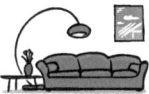

vardagsrum

Wohnzimmer

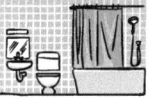

badrum

Badezimmer

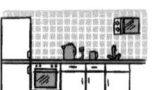

kök

Küche

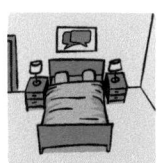

sovrum

Schlafzimmer

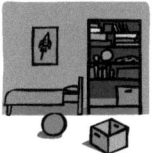

barnrum

Kinderzimmer

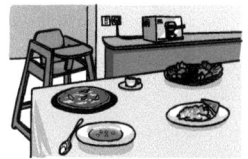

matsal

Esszimmer

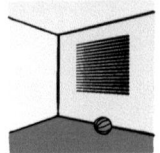

golv

Boden

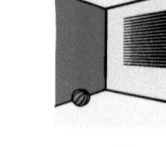

vägg

Wand

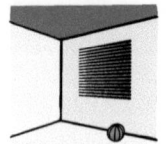

tak

Decke

källare

Keller

bastu

Sauna

balkong

Balkon

terrass

Terrasse

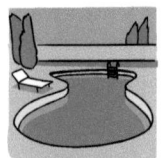

bassäng

Schwimmbad

gräsklippare

Rasenmäher

lakan

Bettbezug

överkast

Bettdecke

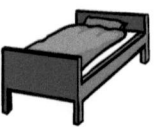

säng

Bett

kvast

Besen

hink

Eimer

strömbrytare

Schalter

vardagsrum
Wohnzimmer

tapet
Tapete
bild
Bild
lampa
Lampe
hylla
Regal
skåp
Schrank
TV
Fernseher
eldstad
Kamin
blomma
Blume
kudde
Kissen
soffa
Sofa
vas
Vase
fjärrkontroll
Fernbedienung

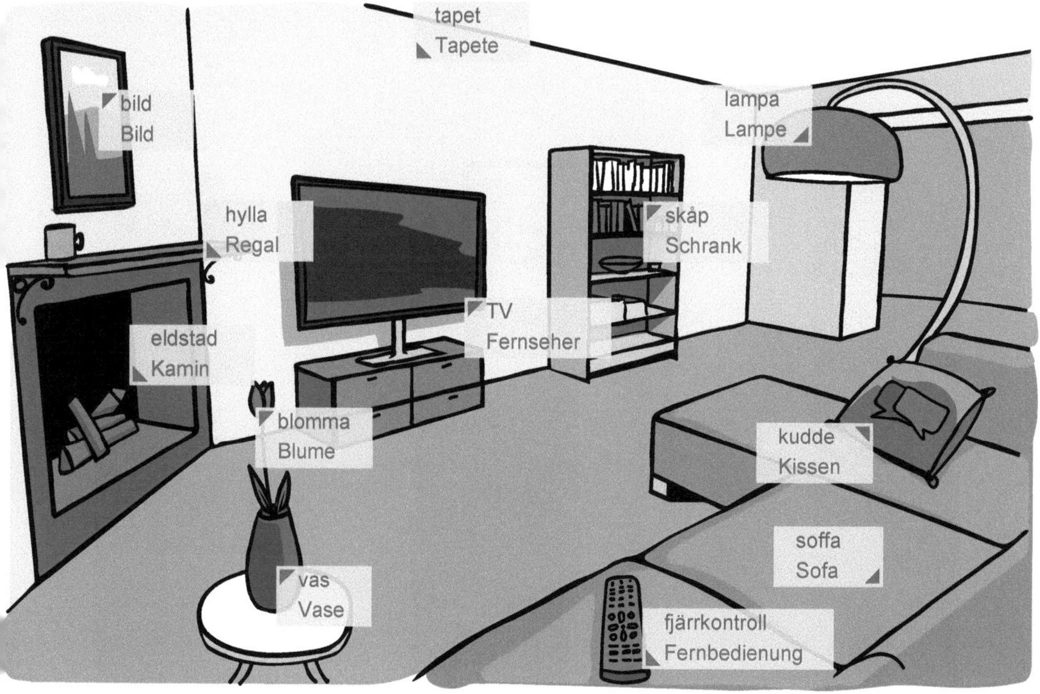

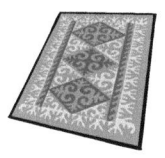

matta
Teppich

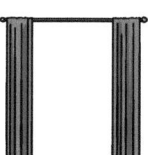

gardin
Vorhang

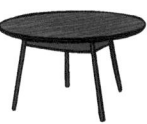

bord
Tisch

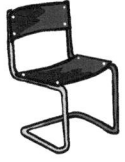

stol
Stuhl

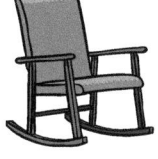

gungstol
Schaukelstuhl

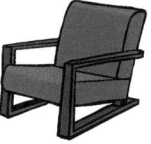

fåtölj
Sessel

bok

Buch

filt

Decke

dekoration

Dekoration

vedträ

Feuerholz

film

Film

stereoanläggning

Stereoanlage

nyckel

Schlüssel

dagstidning

Zeitung

målning

Gemälde

poster

Poster

radio

Radio

anteckningsbok

Notizblock

dammsugare

Staubsauger

kaktus

Kaktus

stearinljus

Kerze

kök
Küche

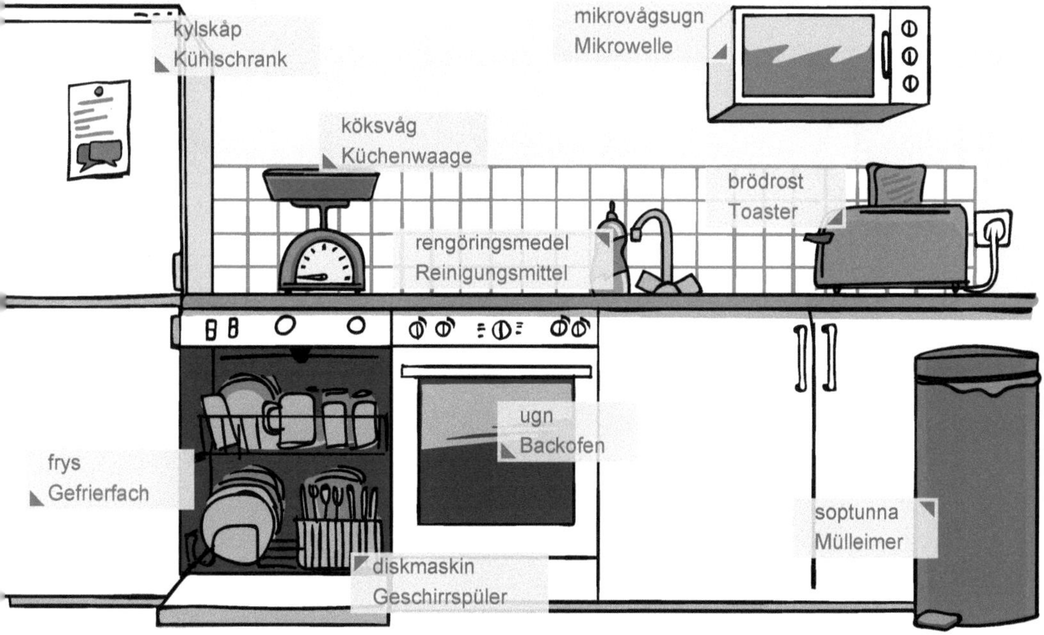

kylskåp
Kühlschrank
mikrovågsugn
Mikrowelle
köksvåg
Küchenwaage
brödrost
Toaster
rengöringsmedel
Reinigungsmittel
ugn
Backofen
frys
Gefrierfach
soptunna
Mülleimer
diskmaskin
Geschirrspüler

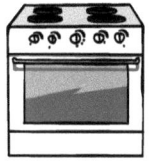

spis
Herd

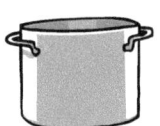

kastrull
Topf

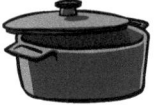

järngryta
Eisentopf

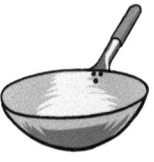

wok / kadai
Wok / Kadai

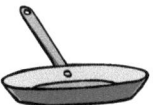

stekpanna
Pfanne

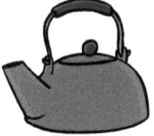

vattenkokare
Wasserkocher

ångkokare

Dampfgarer

bakplåt

Backblech

porslin

Geschirr

mugg

Becher

skål

Schale

ätpinnar

Essstäbchen

soppslev

Suppenkelle

stekspade

Pfannenwender

visp

Schneebesen

durkslag

Kochsieb

sil

Sieb

rivjärn

Reibe

mortel

Mörser

grill

Grill

brasa

Feuerstelle

skärbräda

Schneidebrett

kavel

Nudelholz

korkskruv

Korkenzieher

burk

Dose

burköppnare

Dosenöffner

grytlapp

Topflappen

vask

Waschbecken

borste

Bürste

svamp

Schwamm

mixer

Mixer

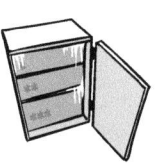

frys

Gefriertruhe

nappflaska

Babyflasche

kran

Wasserhahn

kök - Küche

badrum
Badezimmer

värme
Heizung
handduk
Handtuch
dusch
Dusche
duschdraperi
Duschvorhang
bubbelbad
Schaumbad
badkar
Badewanne
glas
Glas
tvättmaskin
Waschmaschine
kran
Wasserhahn
kakel
Fliesen
potta
Töpfchen
vask
Waschbecken

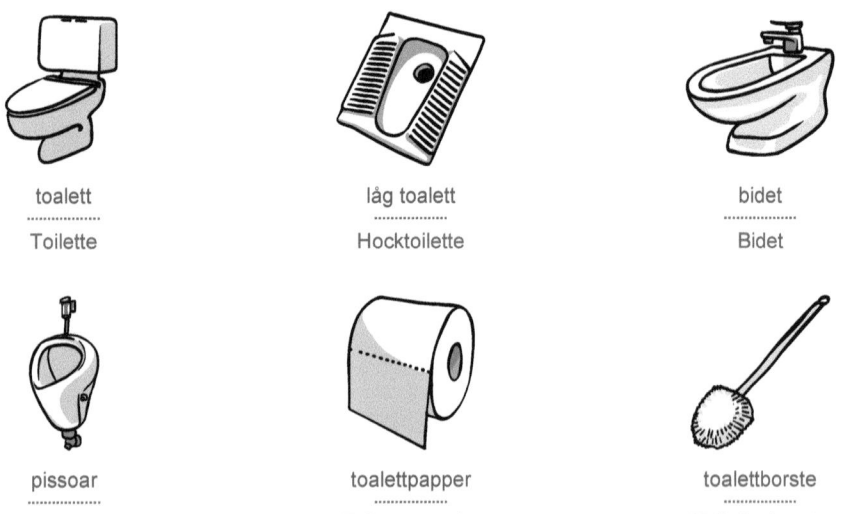

toalett
Toilette

låg toalett
Hocktoilette

bidet
Bidet

pissoar
Pissoir

toalettpapper
Toilettenpapier

toalettborste
Toilettenbürste

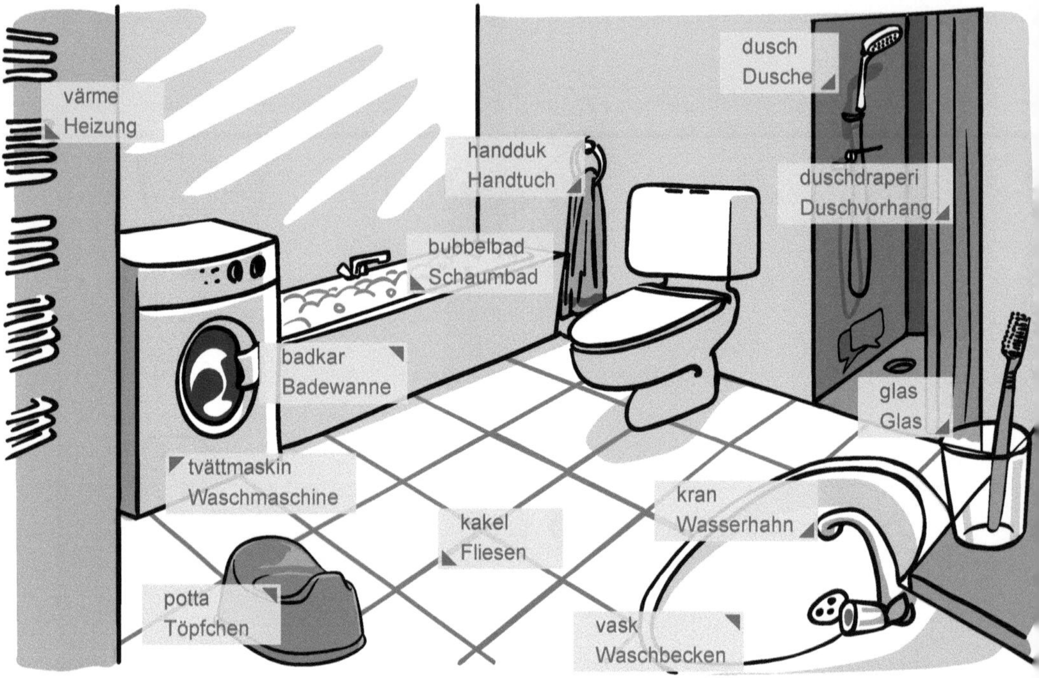

tandborste

Zahnbürste

tandkräm

Zahnpasta

tandtråd

Zahnseide

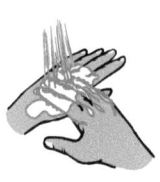

tvätta

waschen

handdusch

Handbrause

intimdusch

Intimdusche

handfat

Waschschüssel

ryggborste

Rückenbürste

tvål

Seife

duschgel

Duschgel

schampo

Shampoo

trasa

Waschlappen

avlopp

Abfluss

crème

Creme

deodorant

Deodorant

badrum - Badezimmer

spegel

Spiegel

handspegel

Kosmetikspiegel

rakhyvel

Rasierer

raklödder

Rasierschaum

rakvatten

Rasierwasser

kam

Kamm

borste

Bürste

hårtork

Föhn

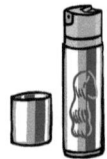

hårspray

Haarspray

smink

Makeup

läppstift

Lippenstift

nagellack

Nagellack

bomullsvadd

Watte

nagelsax

Nagelschere

parfym

Parfum

necessär

Kulturbeutel

pall

Hocker

våg

Waage

badrock

Bademantel

gummihandskar

Gummihandschuhe

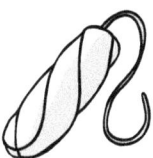

tampong

Tampon

binda

Damenbinde

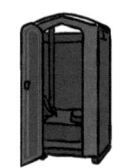

kemisk toalett

Chemietoilette

barnrum
Kinderzimmer

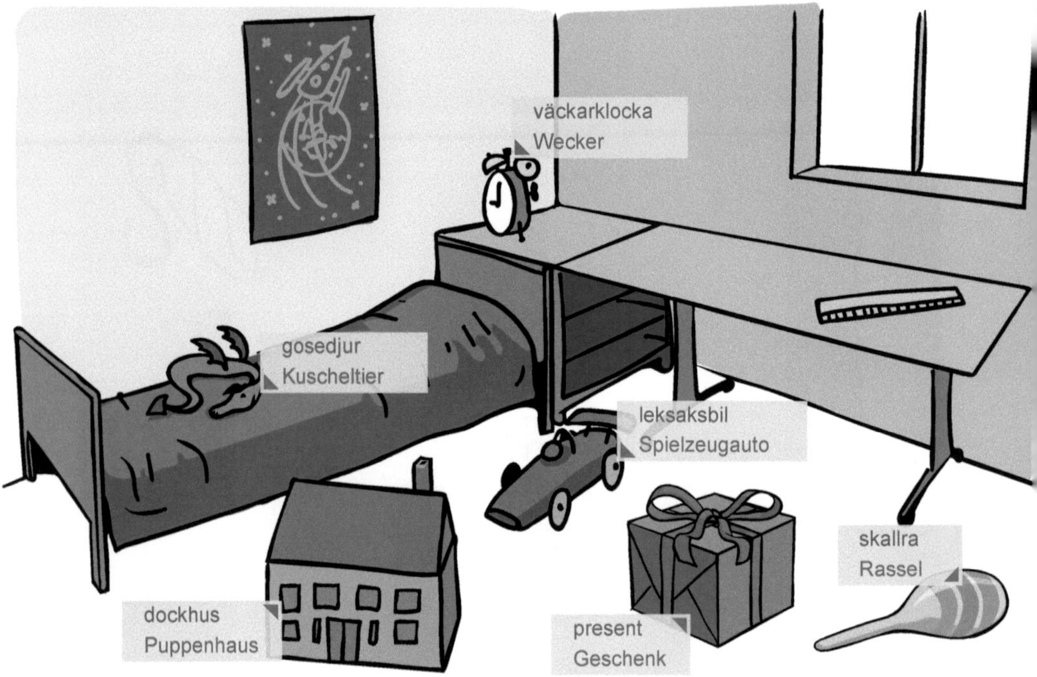
väckarklocka
Wecker
gosedjur
Kuscheltier
leksaksbil
Spielzeugauto
skallra
Rassel
dockhus
Puppenhaus
present
Geschenk

ballong
Ballon

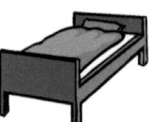

säng
Bett

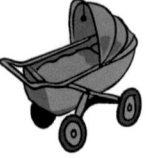

barnvagn
Kinderwagen

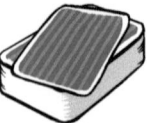

kortlek
Kartenspiel

pussel
Puzzle

SUPER
MEGA

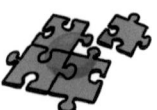

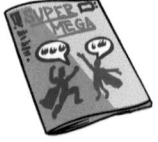

serietidning
Comic

legobitar

Legosteine

klossar

Bausteine

actionfigur

Action Figur

sparkdräkt

Strampelanzug

frisbee

Frisbee

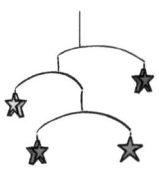

mobil

Mobile

brädspel

Brettspiel

tärning

Würfel

modelljärnväg

Modelleisenbahn

napp

Schnuller

party

Party

bilderbok

Bilderbuch

boll

Ball

docka

Puppe

spela

spielen

sandlåda

Sandkasten

gunga

Schaukel

leksaker

Spielzeug

spelkonsol

Spielkonsole

trehjuling

Dreirad

nalle

Teddy

garderob

Kleiderschrank

kläder

Kleidung

sockar

Socken

strumpor

Strümpfe

tights

Strumpfhose

halsduk
Schal

bälte
Gürtel

paraply
Regenschirm

t-shirt
T-Shirt

sneakers
Turnschuhe

stövlar
Stiefel

tofflor
Hausschuhe

sandaler

Sandalen

skor

Schuhe

gummistövlar

Gummistiefel

underbyxor

Unterhose

BH

Büstenhalter

linne

Unterhemd

kläder - Kleidung

45

body

Body

byxor

Hose

jeans

Jeans

kjol

Rock

blus

Bluse

skjorta

Hemd

pullover

Pullover

sweater

Kapuzenpullover

blazer

Blazer

jacka

Jacke

kappa

Mantel

regnjacka

Regenmantel

dräkt

Kostüm

klänning

Kleid

bröllopsklänning

Hochzeitskleid

kostym

Anzug

nattlinne

Nachthemd

pyjamas

Schlafanzug

sari

Sari

slöja

Kopftuch

turban

Turban

burka

Burka

kaftan

Kaftan

abaya

Abaya

baddräkt

Badeanzug

badbyxor

Badehose

shorts

Kurze Hose

träningsoverall

Trainingsanzug

förkläde

Schürze

handskar

Handschuhe

knapp

Knopf

glasögon

Brille

armband

Armband

halsband

Halskette

ring

Ring

örhänge

Ohrring

mössa

Mütze

galge

Kleiderbügel

hatt

Hut

slips

Krawatte

dragkedja

Reißverschluss

hjälm

Helm

hängslen

Hosenträger

skoluniform

Schuluniform

uniform

Uniform

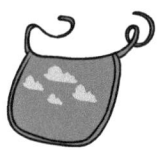

haklapp

Lätzchen

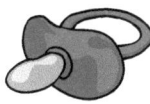

napp

Schnuller

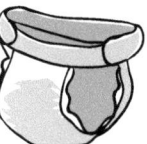

blöja

Windel

kontor

Büro

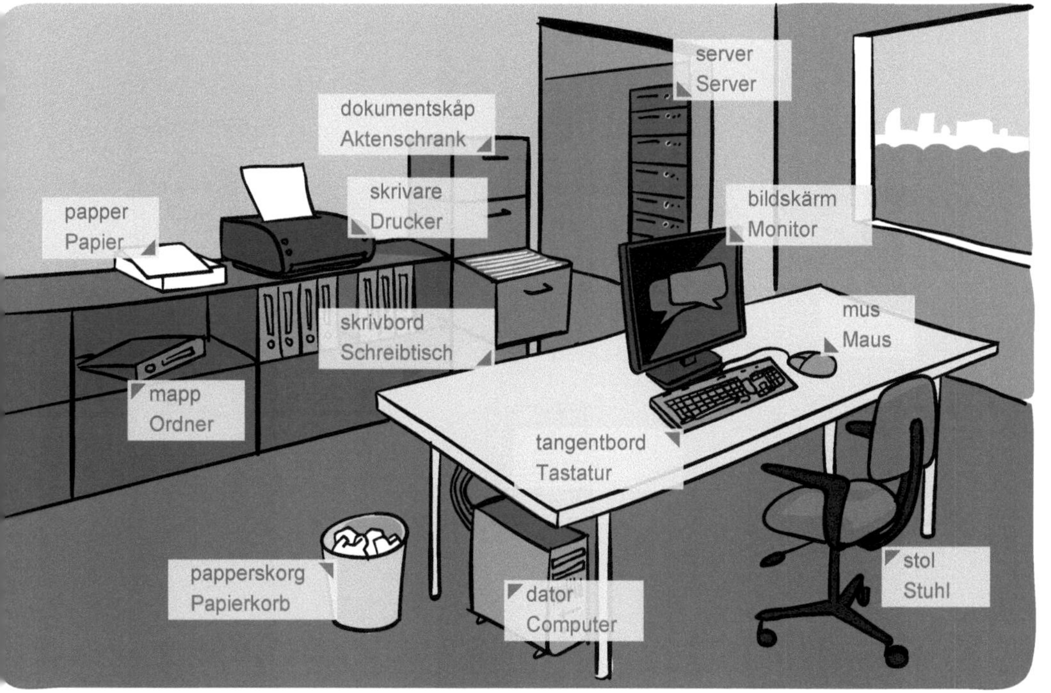
server
Server
dokumentskåp
Aktenschrank
skrivare
Drucker
papper
Papier
bildskärm
Monitor
mus
Maus
skrivbord
Schreibtisch
mapp
Ordner
tangentbord
Tastatur
papperskorg
Papierkorb
dator
Computer
stol
Stuhl

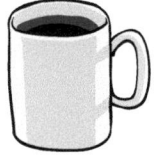

kaffemugg

Kaffeebecher

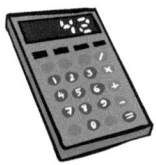

miniräknare

Taschenrechner

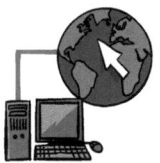

internet

Internet

bärbar dator

Laptop

brev

Brief

meddelande

Nachricht

mobiltelefon

Handy

nätverk

Netzwerk

kopieringsapparat

Kopierer

programvara

Software

telefon

Telefon

vägguttag

Steckdose

fax

Fax

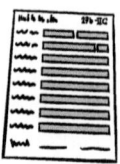

blankett

Formular

dokument

Dokument

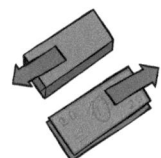

köpa

kaufen

betala

bezahlen

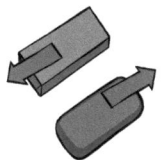

handla

handeln

pengar

Geld

dollar

Dollar

euro

Euro

yen

Yen

rubel

Rubel

schweizisk franc

Franken

renminbi yan

Renminbi Yuan

rupie

Rupie

bankomat

Geldautomat

växelkontor

Wechselstube

guld

Gold

silver

Silber

olja

Öl

energi

Energie

pris

Preis

kontrakt

Vertrag

skatt

Steuer

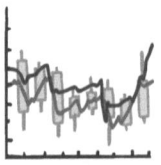

aktie

Aktie

arbeta

arbeiten

anställd

Angestellter

arbetsgivare

Arbeitgeber

fabrik

Fabrik

affär

Geschäft

yrken
Berufe

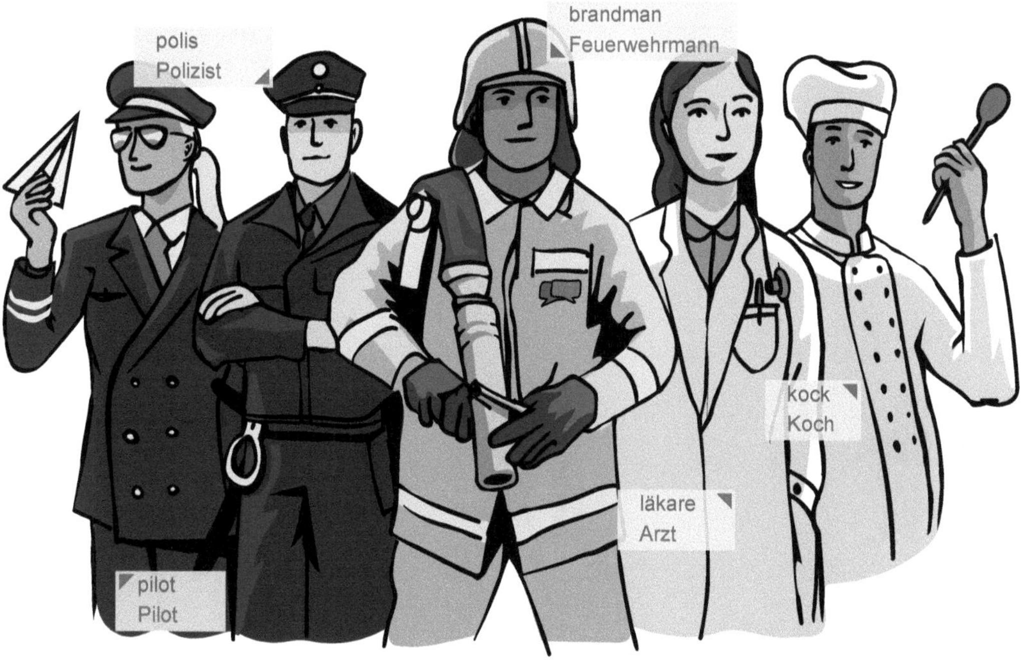
polis
Polizist
brandman
Feuerwehrmann
kock
Koch
läkare
Arzt
pilot
Pilot

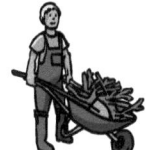

trädgårdsmästare

Gärtner

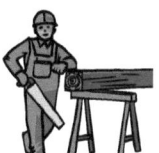

snickare

Tischler

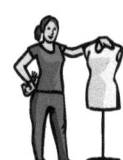

sömmerska

Näherin

domare

Richter

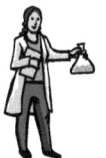

kemist

Chemiker

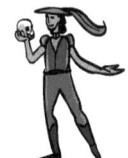

skådespelare

Schauspieler

busschaufför

Busfahrer

taxichaufför

Taxifahrer

fiskare

Fischer

städerska

Putzfrau

takläggare

Dachdecker

servitör

Kellner

jägare

Jäger

målare

Maler

bagare

Bäcker

elektriker

Elektriker

byggarbetare

Bauarbeiter

ingenjör

Ingenieur

slaktare

Schlachter

rörmokare

Klempner

brevbärare

Postbote

soldat

Soldat

arkitekt

Architekt

kassör

Kassierer

florist

Florist

frisör

Friseur

konduktör

Schaffner

mekaniker

Mechaniker

kapten

Kapitän

tandläkare

Zahnarzt

vetenskapsman

Wissenschaftler

rabbin

Rabbi

imam

Imam

munk

Mönch

präst

Geistlicher

verktyg

Werkzeuge

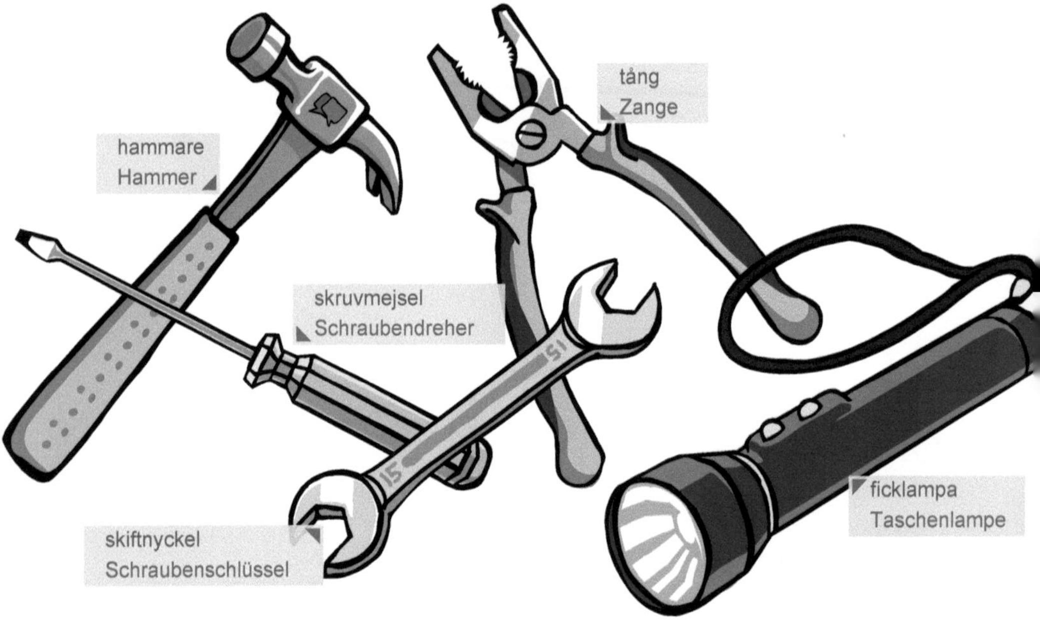

tång
Zange
hammare
Hammer
skruvmejsel
Schraubendreher
skiftnyckel
Schraubenschlüssel
ficklampa
Taschenlampe

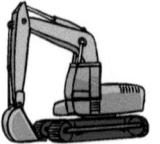

grävmaskin

Bagger

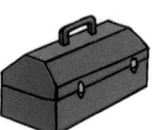

verktygslåda

Werkzeugkasten

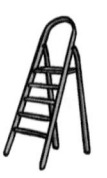

stege

Leiter

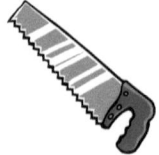

såg

Säge

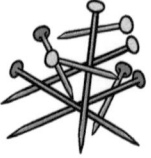

spik

Nägel

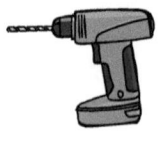

borr

Bohrer

reparera
....
reparieren

spade
....
Schaufel

Helvete!
....
Mist!

sopskyffel
....
Kehrblech

färgburk
....
Farbtopf

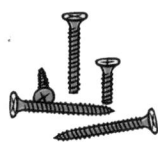

skruvar
....
Schrauben

musikinstrument
Musikinstrumente

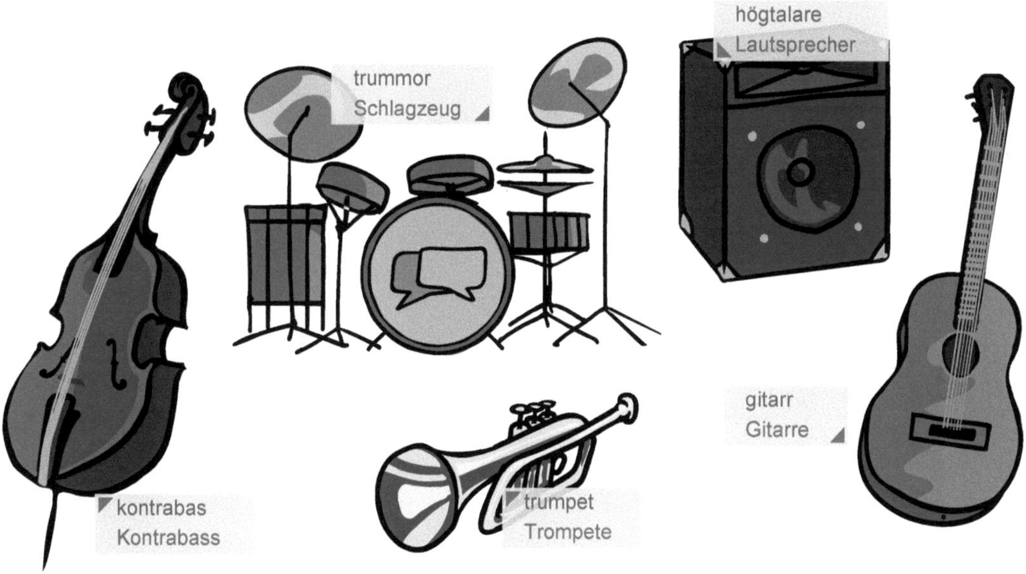

trummor
Schlagzeug

högtalare
Lautsprecher

gitarr
Gitarre

kontrabas
Kontrabass

trumpet
Trompete

piano

Klavier

violin

Violine

bas

Bass

timpani

Pauke

trumma

Trommeln

keyboard

Keyboard

saxofon

Saxophon

flöjt

Flöte

mikrofon

Mikrofon

ZOO
Zoo

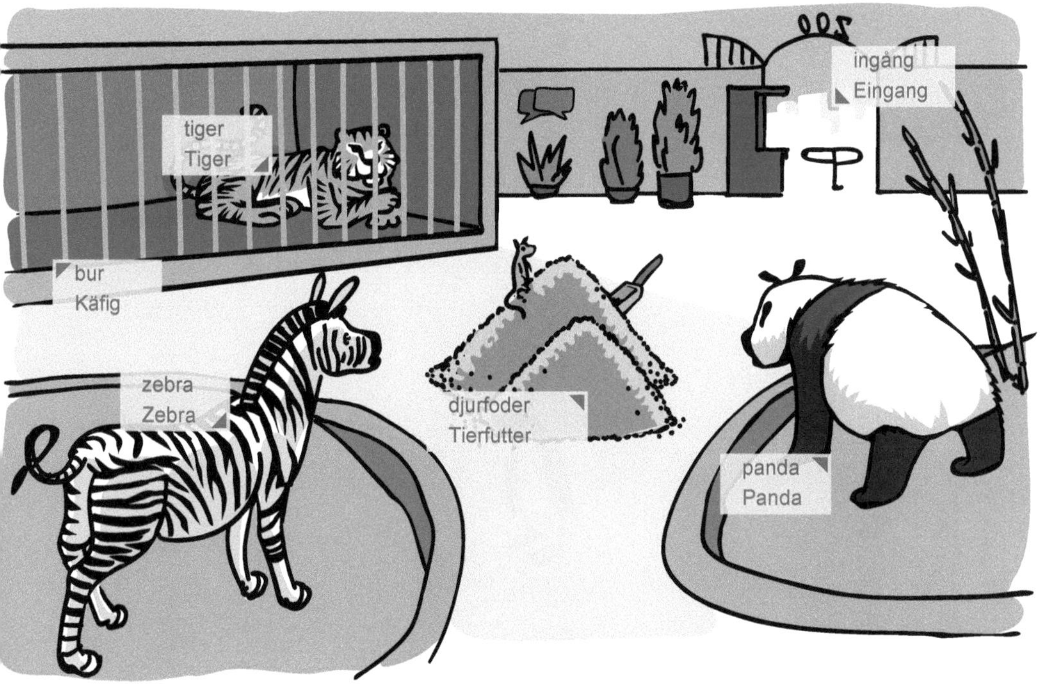

tiger
Tiger
bur
Käfig
zebra
Zebra
djurfoder
Tierfutter
ingång
Eingang
panda
Panda

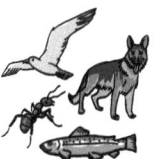

djur

Tiere

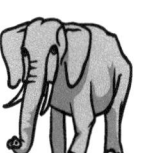

elefant

Elefant

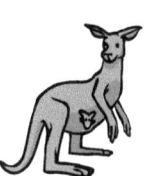

känguru

Känguru

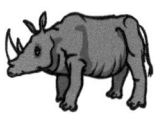

noshörning

Nashorn

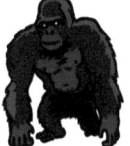

gorilla

Gorilla

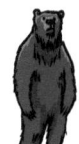

björn

Bär

kamel

Kamel

struts

Strauß

lejon

Löwe

apa

Affe

flamingo

Flamingo

papegoja

Papagei

isbjörn

Eisbär

pingvin

Pinguin

haj

Hai

påfågel

Pfau

orm

Schlange

krokodil

Krokodil

djurskötare

Zoowärter

säl

Robbe

jaguar

Jaguar

ponny

Pony

leopard

Leopard

flodhäst

Nilpferd

giraff

Giraffe

örn

Adler

vildsvin

Wildschwein

fisk

Fisch

sköldpadda

Schildkröte

valross

Walross

räv

Fuchs

gazell

Gazelle

amerikansk fotboll
American Football

cykling
Radfahren

tennis
Tennis

basket
Basketball

simning
Schwimmen

ishockey
Eishockey

boxning
Boxen

fotboll

Fußball

badminton

Badminton

friidrott

Leichtathletik

handboll

Handball

skidåkning

Skilaufen

polo

Polo

hoppa
springen

krama
umarmen

skratta
lachen

gå
gehen

sjunga
singen

drömma
träumen

be
beten

kyssa
küssen

skriva
schreiben

rita
zeichnen

visa
zeigen

skjuta
drücken

ge
geben

ta
nehmen

hagel

haben

göra

tun

vara

sein

stå

stehen

springa

laufen

dra

ziehen

kasta

werfen

falla

fallen

ligga

liegen

vänta

warten

bära

tragen

sitta

sitzen

klä på

anziehen

sova

schlafen

vakna

aufwachen

se på

ansehen

gråta

weinen

smeka

streicheln

kamma

kämmen

prata

reden

förstå

verstehen

fråga

fragen

höra

hören

dricka

trinken

äta

essen

städa

aufräumen

älska

lieben

laga mat

kochen

köra

fahren

flyga

fliegen

segla

segeln

räkna

rechnen

läsa

lesen

lära sig

lernen

arbeta

arbeiten

gifta sig

heiraten

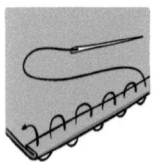

sy

nähen

borsta tänderna

Zähne putzen

döda

töten

röka

rauchen

skicka

senden

familj
Familie

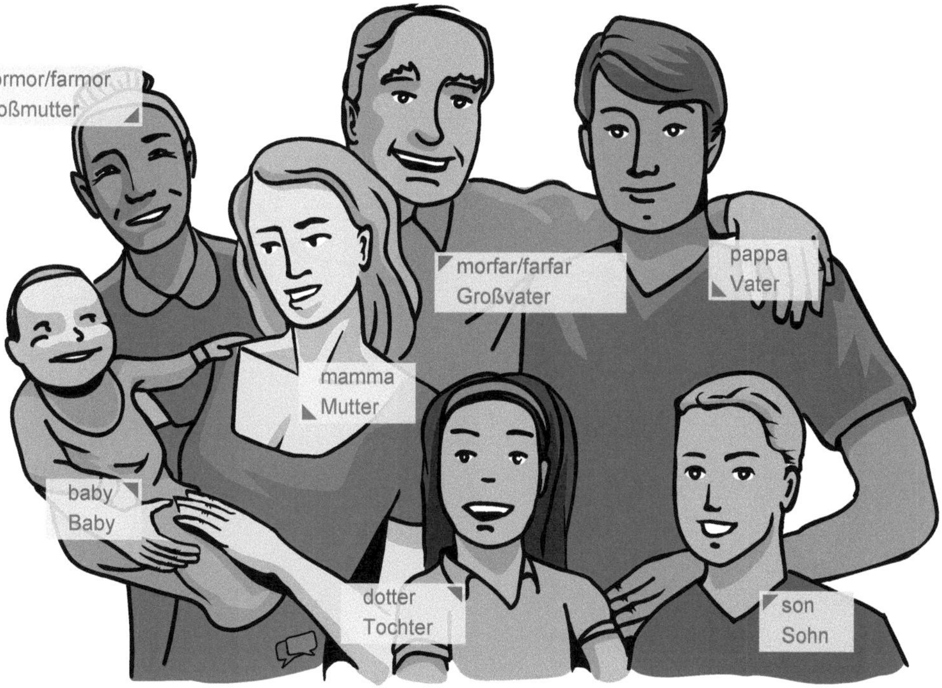
mormor/farmor
Großmutter
morfar/farfar
Großvater
pappa
Vater
mamma
Mutter
baby
Baby
dotter
Tochter
son
Sohn

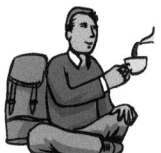

gäst

Gast

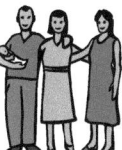

moster/faster

Tante

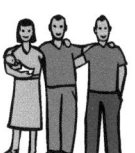

farbror/morbror

Onkel

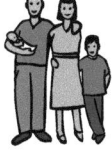

bror

Bruder

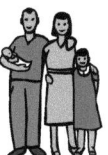

syster

Schwester

kropp
Körper

panna
Stirn
öga
Auge
skuldra
Schulter
finger
Finger
ansikte
Gesicht
haka
Kinn
hand
Hand
ben
Bein
bröst
Brust
arm
Arm

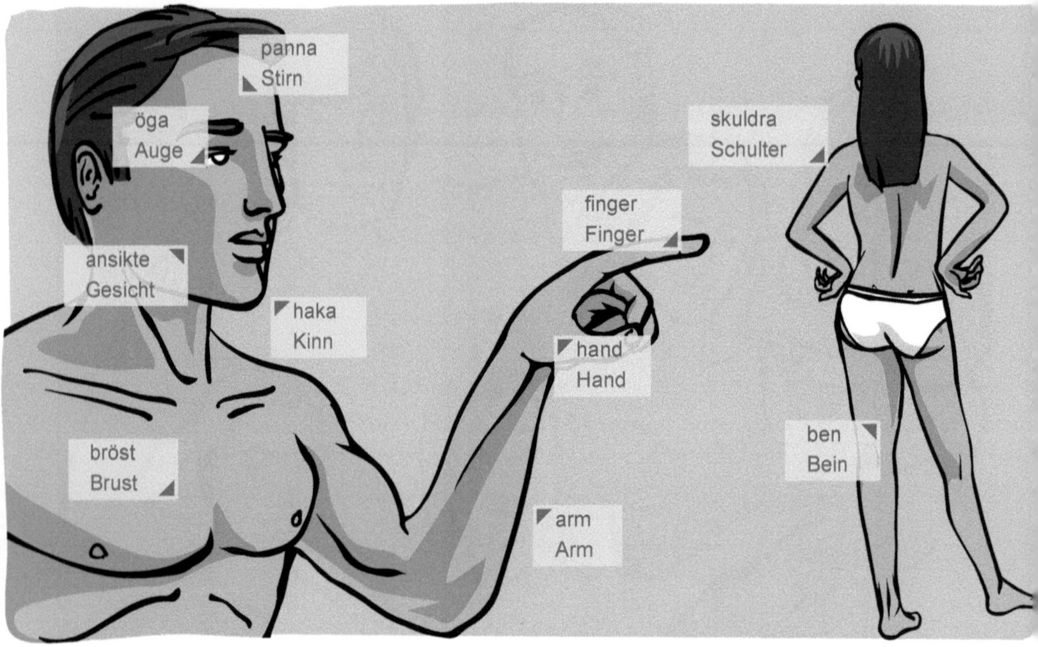

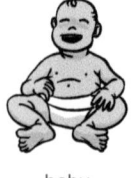

baby
Baby

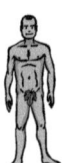

man
Mann

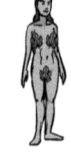

kvinna
Frau

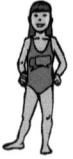

flicka
Mädchen

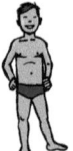

pojke
Junge

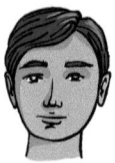

huvud
Kopf

rygg

Rücken

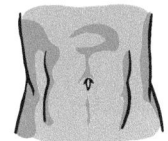

mage

Bauch

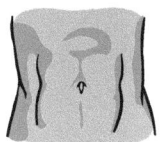

navel

Nabel

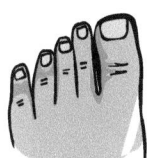

tå

Zeh

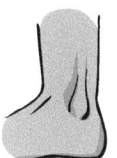

häl

Ferse

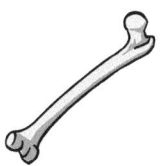

ben

Knochen

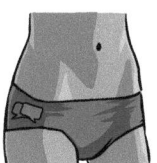

höft

Hüfte

knä

Knie

armbåge

Ellenbogen

näsa

Nase

stjärt

Gesäß

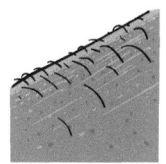

hud

Haut

kind

Wange

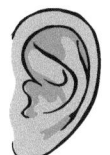

öra

Ohr

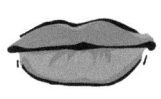

läpp

Lippe

kropp - Körper

mun

Mund

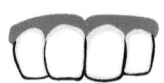

tand

Zahn

tunga

Zunge

hjärna

Gehirn

hjärta

Herz

muskel

Muskel

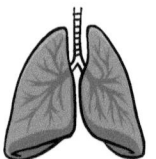

lunga

Lunge

lever

Leber

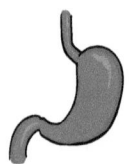

magsäck

Magen

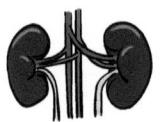

njurar

Nieren

sex

Geschlechtsverkehr

kondom

Kondom

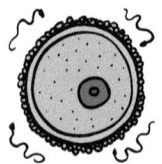

äggcell

Eizelle

sperma

Sperma

graviditet

Schwangerschaft

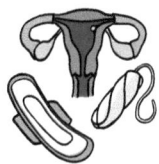

menstruation

Menstruation

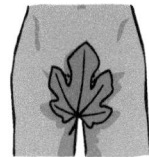

vagina

Vagina

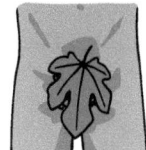

penis

Penis

ögonbryn

Augenbraue

hår

Haar

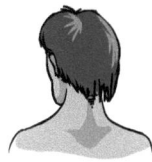

nacke

Hals

sjukhus
Krankenhaus

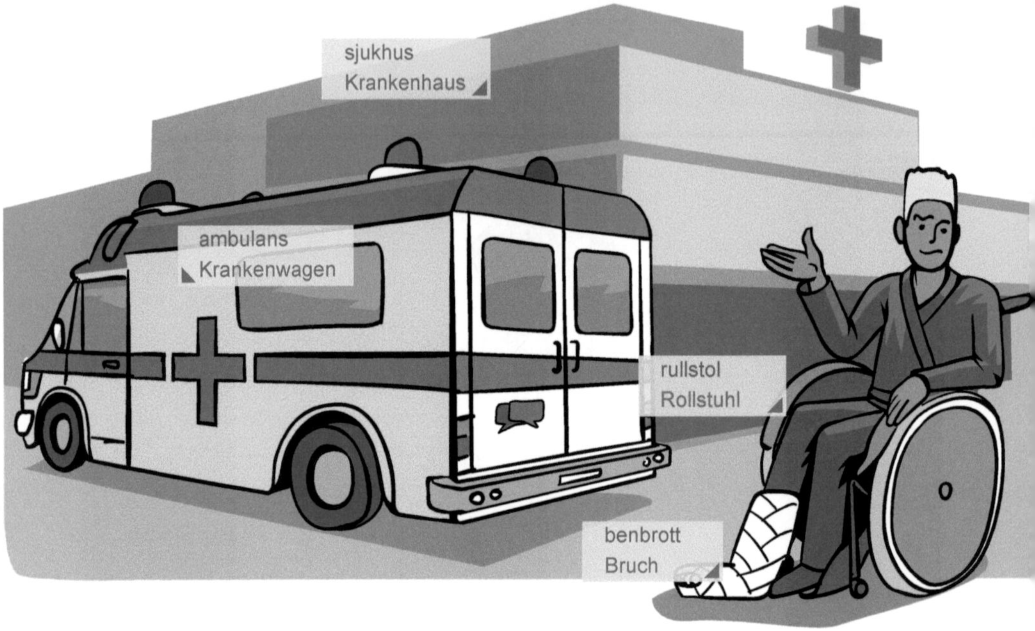

sjukhus
Krankenhaus
ambulans
Krankenwagen
rullstol
Rollstuhl
benbrott
Bruch

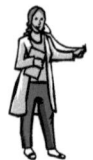

läkare

Arzt

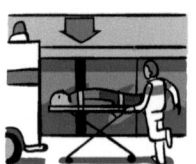

akutmottagning

Notaufnahme

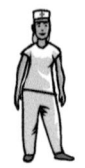

sjuksköterska

Krankenschwester

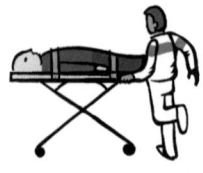

nödsituation

Notfall

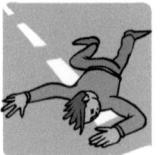

medvetslös

ohnmächtig

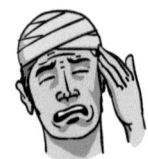

smärta

Schmerz

skada

Verletzung

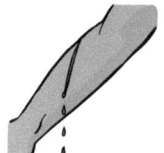

blödning

Blutung

hjärtattack

Herzinfarkt

slaganfall

Schlaganfall

allergi

Allergie

hosta

Husten

feber

Fieber

influensa

Grippe

diarré

Durchfall

huvudvärk

Kopfschmerzen

cancer

Krebs

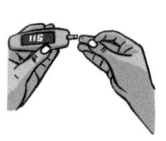

diabetes

Diabetis

kirurg

Chirurg

skalpell

Skalpell

operation

Operation

CT
CT

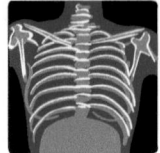

röntgen
Röntgen

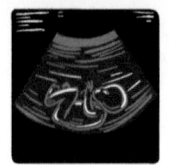

ultraljud
Ultraschall

ansiktsmask
Maske

sjukdom
Krankheit

väntsal
Wartezimmer

krycka
Krücke

plåster
Pflaster

bandage
Verband

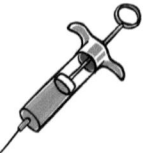

injektion
Injektion

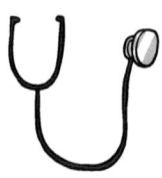

stetoskop
Stethoskop

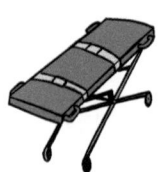

bår
Trage

termometer
Thermometer

födsel
Geburt

övervikt
Übergewicht

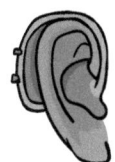

hörapparat

Hörgerät

desinfektionsmedel

Desinfektionsmittel

infektion

Infektion

virus

Virus

HIV / AIDS

HIV / AIDS

medicin

Medizin

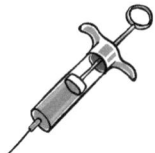

vaccination

Impfung

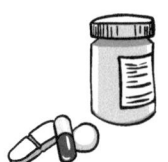

tabletter

Tabletten

p-piller

Pille

nödsamtal

Notruf

blodtrycksmätare

Blutdruck-Messgerät

sjuk / frisk

krank / gesund

Hjälp!

Hilfe!

alarm

Alarm

överfall

Überfall

misshandel

Angriff

fara

Gefahr

nödutgång

Notausgang

Det brinner!

Feuer!

brandsläckare

Feuerlöscher

olycka

Unfall

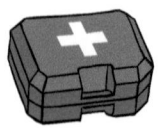

förbandslåda

Erste-Hilfe-Koffer

SOS

SOS

polis

Polizei

Europa

Europa

Nordamerika

Nordamerika

Sydamerika

Südamerika

Afrika

Afrika

Asien

Asien

Australien

Australien

Atlanten

Atlantik

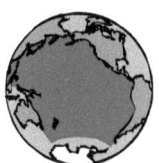

Stilla Havet

Pazifik

Indiska Oceanen

Indischer Ozean

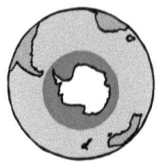

Antarktiska Oceanen

Antarktischer Ozean

Arktiska Oceanen

Arktischer Ozean

Nordpol

Nordpol

Sydpol

Südpol

Antarktis

Antarktis

Jorden

Erde

land

Land

hav

Meer

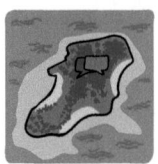

ö

Insel

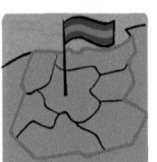

nation

Nation

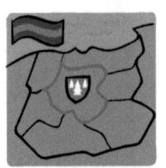

stat

Staat

urtavla

Zifferblatt

timvisare

Stundenzeiger

minutvisare

Minutenzeiger

sekundvisare

Sekundenzeiger

Vad är klockan?

Wie spät ist es?

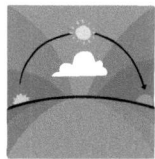

dag

Tag

tid

Zeit

nu

jetzt

digital klocka

Digitaluhr

minut

Minute

timme

Stunde

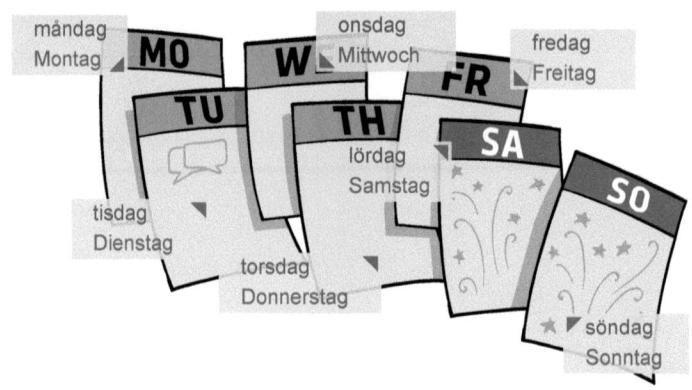

måndag
Montag

onsdag
Mittwoch

fredag
Freitag

tisdag
Dienstag

lördag
Samstag

torsdag
Donnerstag

söndag
Sonntag

igår

gestern

idag

heute

imorgon

morgen

morgon

Morgen

middag

Mittag

kväll

Abend

MO	TU	WE	TH	FR	SA	SU
1	2	3	4	5	6	7
8	9	10	11	12	13	14
15	16	17	18	19	20	21
22	23	24	25	26	27	28
29	30	31	1	2	3	4

vardagar

Arbeitstage

MO	TU	WE	TH	FR	SA	SU
1	2	3	4	5	6	7
8	9	10	11	12	13	14
15	16	17	18	19	20	21
22	23	24	25	26	27	28
29	30	31	1	2	3	4

helg

Wochenende

år
Jahr

regn
Regen
regnbåge
Regenbogen
snö
Schnee
vind
Wind
vår
Frühling
höst
Herbst
sommar
Sommer
vinter
Winter

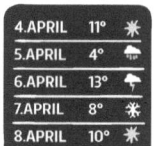

4.APRIL 11°
5.APRIL 4°
6.APRIL 13°
7.APRIL 8°
8.APRIL 10°

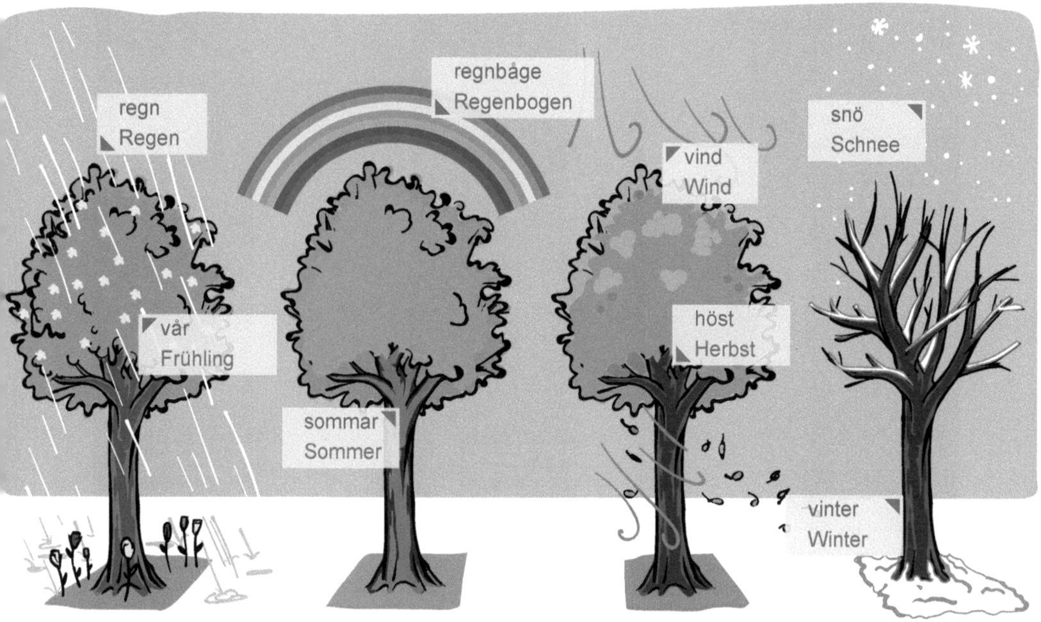

väderprognos

Wettervorhersage

F
C
120
90
60
30
0
-30
40
30
20
10
0
-10
-20

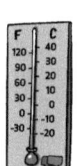

termometer

Thermometer

solsken

Sonnenschein

moln

Wolke

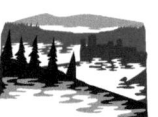

dimma

Nebel

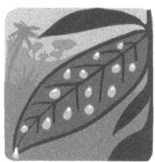

luftfuktighet

Luftfeuchtigkeit

blixt
....
Blitz

åska
....
Donner

storm
....
Sturm

hagel
....
Hagel

monsun
....
Monsun

översvämning
....
Flut

is
....
Eis

januari
....
Januar

februari
....
Februar

mars
....
März

april
....
April

maj
....
Mai

juni
....
Juni

juli
....
Juli

augusti
....
August

september
....
September

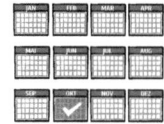

oktober
....
Oktober

november
....
November

december
....
Dezember

former
Formen

cirkel
....
Kreis

kvadrat
....
Quadrat

rektangel
....
Rechteck

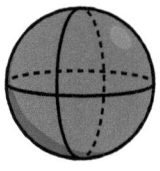

triangel
....
Dreieck

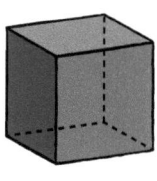

sfär
....
Kugel

kub
....
Würfel

vit
....
weiß

gul
....
gelb

orange
....
orange

rosa
....
pink

röd
....
rot

lila
....
lila

blå
....
blau

grön
....
grün

brun
....
braun

grå
....
grau

svart
....
schwarz

mycket / lite

viel / wenig

arg / lugn

wütend / friedlich

vacker / ful

hübsch / hässlich

början / slut

Anfang / Ende

stor / liten

groß / klein

ljus / mörk

hell / dunkel

bror / syster

Bruder / Schwester

ren / smutsig

sauber / schmutzig

komplett / ofullständig

vollständig / unvollständig

dag / natt

Tag / Nacht

död / levande

tot / lebendig

bred / smal

breit / schmal

ätlig / oätlig

genießbar / ungenießbar

ond / god

böse / freundlich

upphetsad / uttråkad

aufgeregt / gelangweilt

tjock / smal

dick / dünn

först / sist

zuerst / zuletzt

vän / fiende

Freund / Feind

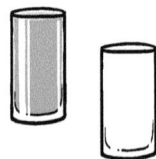

full / tom

voll / leer

hård / mjuk

hart / weich

tung / lätt

schwer / leicht

hunger / törst

Hunger / Durst

sjuk / frisk

krank / gesund

olaglig / laglig

illegal / legal

intelligent / dum

intelligent / dumm

vänster / höger

links / rechts

nära / långt bort

nah / fern

ny / begagnad

neu / gebraucht

inget / något

nichts / etwas

gammal / ung

alt / jung

på / av

an / aus

öppen / stängd

offen / geschlossen

tyst / högljudd

leise / laut

rik / fattig

reich / arm

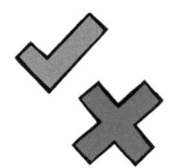

rätt / fel

richtig / falsch

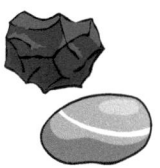

grov / slät

rau / glatt

ledsen / glad

traurig / glücklich

kort / lång

kurz / lang

långsam / snabb

langsam / schnell

våt / torr

nass / trocken

varm / sval

warm / kühl

krig / fred

Krieg / Frieden

0

noll
null

1

ett
eins

2

två
zwei

3

tre
drei

4

fyra
vier

5

fem
fünf

6

sex
sechs

7

sju
sieben

8

åtta
acht

9

nio
neun

10

tio
zehn

11

elva
elf

12

tolv

zwölf

13

tretton

dreizehn

14

fjorton

vierzehn

15

femton

fünfzehn

16

sexton

sechzehn

17

sjutton

siebzehn

18

arton

achtzehn

19

nitton

neunzehn

20

tjugo

zwanzig

100

hundra

hundert

1.000

tusen

tausend

1.000.000

miljon

million

engelska

Englisch

amerikansk engelska

Amerikanisches Englisch

kinesisk mandarin

Chinesisch Mandarin

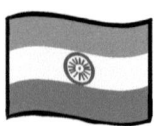

hindi

Hindi

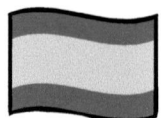

spanska

Spanisch

franska

Französisch

arabiska

Arabisch

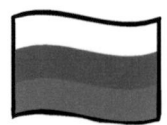

ryska

Russisch

portugisiska

Portugiesisch

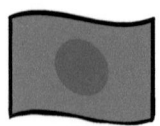

bengali

Bengalisch

tyska

Deutsch

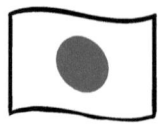

japanska

Japanisch

jag

ich

du

du

han / hon / den (det)

er / sie / es

vi

wir

ni

ihr

de

sie

vem?

wer?

vad?

was?

hur?

wie?

var?

wo?

när?

wann?

namn

Name

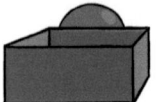

bakom

hinter

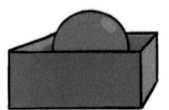

i

in

framför

vor

över

über

på

auf

under

unter

bredvid

neben

mellan

zwischen

plats

Ort